*Für unsere Kinder
– Ludwig, Jacob, David, Daniel, Ingrid und Pikkutyyppi –
und mit Dank an die Papas für die prima Samen.*

© Verlag Friedrich Oetinger GmbH, Hamburg 2005
Alle Rechte für die deutschsprachige Ausgabe vorbehalten
© Katerina Janouch 2004 (Text)
© Mervi Lindman 2004 (Bild)
Die schwedische Originalausgabe erschien bei
Bonnier Carlsen Bokförlag, Stockholm,
unter dem Titel »Så blev jag till«
Deutsch von Dagmar Brunow
Printed in Belgium 2005
ISBN 3-7891-6701-0

www.oetinger.de

Bevor ich auf die Welt kam, war ich nur ein Samen in Papas Hodensack. Und ein ganz kleines Ei in Mamas Bauch. Man stelle sich vor, da sind Mama und Papa mit einem winzigen Teil von mir durch die Gegend spaziert und hatten keine Ahnung davon!

Und wo war ich, bevor ich ein Samen wurde?
Das weiß niemand. Vielleicht komme ich von einem Ort, an dem noch nie jemand war. Ich war vielleicht ein König. Oder eine Königin.

Oder ich hab mit gefährlichen Drachen gekämpft und bin in einem knallroten Auto gefahren. Ich bin Fallschirm gesprungen und hab mit anderen Ungeborenen viel Spaß gehabt.

Und wann hab ich beschlossen auf die Welt zu kommen?
Als ich erfahren hab, dass sich auf der Erde eine Mama und ein Papa ganz schrecklich nach mir sehnen. Nach mir und sonst keinem!

Stell dir mal vor, sie hätten stattdessen meinen Freund bekommen! Aber zum Glück bin *ich* ihr Kind geworden. Schließlich hatten sie sich so auf mich gefreut. Gerade auf mich, mit meinen blauen Augen und den vielen Sommersprossen auf der Nase. Gerade auf mich, ihr ganz eigenes Kind.

Und wie kam es dazu?
Sind dir schon mal Frauen mit dicken Bäuchen aufgefallen? Manche sind nur ein bisschen dick, andere ziemlich dick! Einige haben nur zu viel Sahnetorte gegessen, aber manche haben ein Baby im Bauch.

Ein Baby? Waren etwa alle Menschen auf der Welt mal bei einer Frau im Bauch?
Ja, stell dir vor! Aber die Frau mit dem Baby im Bauch ist nicht irgendeine Frau. Denn für das Baby ist sie ein ganz besonderer Mensch. Seine Mama nämlich! Alle Kinder sind im Bauch einer Mama, bevor sie auf die Welt kommen.

Damit eine Frau ein Baby in den Bauch bekommt und Mama wird, braucht man auch einen Papa. Und der ist nicht irgendein Mann! Denn er wird schließlich der Papa von dem Baby und ohne seinen Samen kann eine Frau kein Baby bekommen.

Und wie weiß man, welche Leute gemeinsam Mama und Papa werden?
So genau kann man das nie wissen. Meistens verlieben sich die beiden zuerst ineinander.
Manche wollen gar nicht sofort ein Baby haben. Andere unbedingt. Und wieder andere müssen ewig darauf warten.

Vielleicht gibt es irgendwo auf der Welt eine Mama, die eines Tages aufwacht und denkt, wie schön es wäre, ein Baby zu haben. Dazu braucht sie einen Papa, den sie gerne mag und von dem sie Samen haben kann.

Zur gleichen Zeit wirbelt irgendwo ein lustiger Papa durch die Gegend. Er hat jede Menge Samen zu verschenken, aber nur an eine ganz besondere Mama. Er möchte furchtbar gern ein Baby haben.

Ein kleines Mädchen, mit dem er Fußball spielen oder einen kleinen Jungen, für den er Regenbogen malen kann.

Dann hat der Bus, in dem die zukünftige Mama sitzt, einen Platten.
Eigentlich soll der zukünftige Papa den Reifen reparieren, aber als die beiden sich sehen, passiert etwas ganz Besonderes:
Sie verlieben sich ineinander!

Ich weiß nicht, ob es so war, als meine Mama und mein Papa sich getroffen haben.

Vielleicht hat sie ihm ein Bein gestellt und er ist hingeflogen.

Oder sie sind an einer Straßenecke zusammengestoßen.

Vielleicht kennen sie sich schon seit dem Kindergarten.

Das heißt, ich glaube, sie trafen sich bei einem Konzert im Park. Ja, so war es.

Normalerweise legen die Verliebten nicht gleich mit dem Baby-machen los, sobald sie an einer Straßenecke zusammengestoßen sind (aber es kommt vor).
Meistens machen sie erst ganz viele Erwachsenensachen zusammen. Zum Beispiel kaufen sie sich ein Haus, in dem sie wohnen können, und legen ein Puzzle mit zehntausend Teilen. Und schaffen sich ein Auto an.

Und vielleicht einen Hund. Oder eine Katze. Vielleicht wohnen sie auch auf einem Schiff oder in einem Krähenschloss. Vielleicht heiraten sie in einem Flugzeug hoch oben am Himmel.

Hauptsache aber, sie mögen sich. Deshalb wollen sie ein Baby zusammen haben.

Damit ein Baby zur Welt kommen kann, müssen die Mama und der Papa es erst machen.
Das heißt, sie haben Sex. Das klingt zwar ein bisschen wie die Zahl Sechs, hat damit aber nichts zu tun. Sex machen Erwachsene, weil sie es schön finden und weil sie Babys haben wollen.

Sie umarmen und küssen sich.

Papa hat einen Penis und Mama eine Scheide.

Wenn Papa seinen Penis in Mamas Scheide steckt, kommen die kleinen Samen raus und schwimmen in Mamas Bauch hinein.

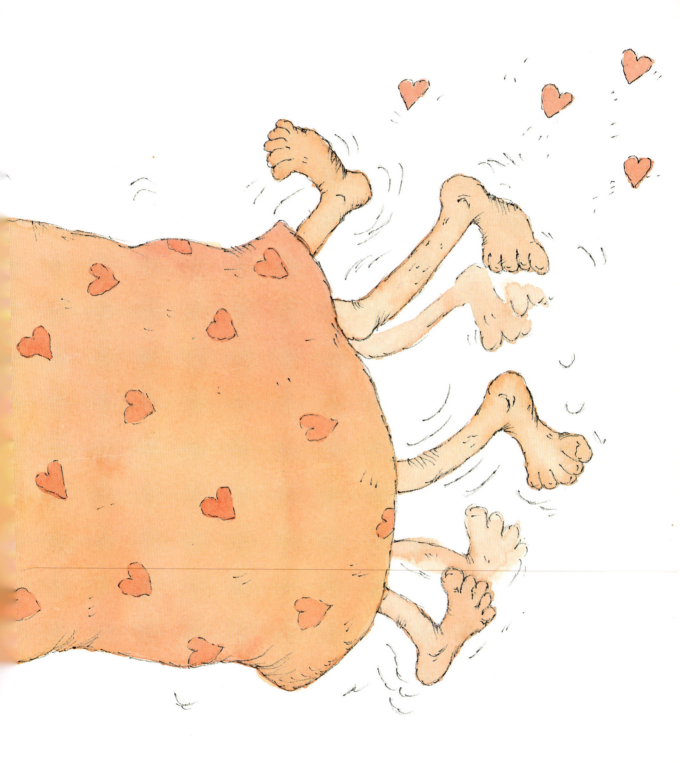

Dort liegt ein kleines Ei, das auf einen Samen wartet. Wenn ein Samen auf das Ei trifft, verschmelzen sie miteinander. Jetzt kann es losgehen! Ein Baby entsteht!

In Mamas Bauch gibt es einen bestimmten Raum, wo das Baby wohnen soll. Das ist die Gebärmutter. Moment, warte mal! Landet im Bauch nicht unser Essen? Wie soll das Baby denn Platz haben zwischen all den Würstchen, Hamburgern und Spaghetti?

Also, das hat die Natur ganz praktisch eingerichtet. Eigentlich ist das Babyzimmer in Mamas Bauch ziemlich klein, aber wenn das Baby größer wird, wächst das Zimmer einfach mit! Außerdem landet das Essen woanders, nämlich im Magen. Deshalb kann es dem Baby nicht auf den Kopf fallen.

Am Anfang merkt man noch gar nicht, dass mit der Mama etwas passiert ist. Ihr Bauch sieht aus wie immer. Noch ist das Baby nämlich so klein, dass man es mit bloßem Auge gar nicht sehen könnte. Es ist winziger als ein Sandkorn. Trotzdem ist schon klar, welche Haarfarbe das Baby haben und wie seine Nase aussehen wird.

Und wie wird bestimmt, ob es ein Mädchen oder Junge wird? Das ist so: Papa hat zwei Sorten Samen, eine für Mädchen und eine für Jungen. Trifft ein Jungensamen auf das Ei, wird es ein Junge. Verschmilzt das Ei mit einem Mädchensamen, wird es ein Mädchen. Das können die Mama und der Papa sich nicht aussuchen. Deshalb ist es immer spannend, wenn ein Baby in Mamas Bauch wohnt, weil man nie im Voraus weiß, was rauskommt.

Manchmal kommt es vor, dass mehrere Babys auf einmal in Mamas Bauch wohnen.
Zwei Babys nennt man Zwillinge.

Es können aber auch noch mehr Babys sein, die gleichzeitig in Mamas Bauch sind.

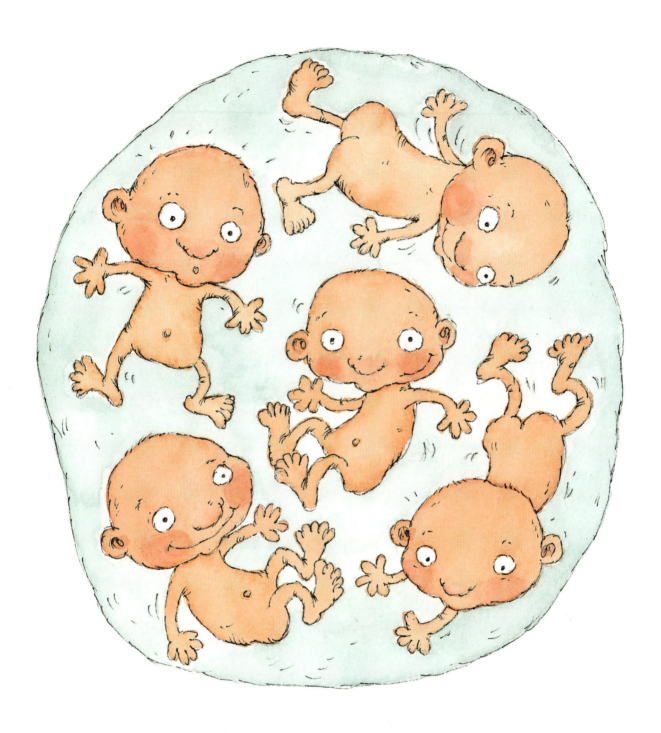

Drei oder vier. Sogar fünf oder sechs, aber das kommt ganz selten vor. Meistens sind Mehrlingsbabys etwas kleiner, denn alle zusammen haben ja viel weniger Platz in Mamas Bauch als ein einzelnes Baby.

Doch was passiert, wenn Mama und Papa kein Baby bekommen, obwohl sie sich so sehr eines wünschen?

Dann fragen sie einen Arzt um Hilfe! Im Krankenhaus werden Papas müde Samen aufgemuntert und Mamas schlecht gelauntes Ei wieder froh gemacht. Oder der Arzt mixt Samen und Ei in einem Reagenzglas zusammen, bevor er sie in Mamas Bauch einsetzt. Erwachsene nennen ein Baby, das so entsteht, Retortenbaby. Obwohl es eigentlich ein ganz normales Baby ist.

Bis das Baby in Mamas Bauch fertig ist, vergeht eine lange Zeit. Das wissen alle, die schon mal auf einen Bruder oder eine Schwester gewartet haben. Du auch?

Vielleicht haben deine Mama und dein Papa damals auch ein fröhliches Gesicht gemacht und gesagt: »Wir müssen dir etwas ganz Schönes erzählen! Wir kriegen ein Baby!« Und du hast gedacht, wie toll! Ein kleines Baby, mit dem man Quatsch machen kann! Und dann hast du ein paar Stunden gewartet, und als ihr zu Abend gegessen habt, hatte es immer noch nicht an der Tür geklingelt und niemand musste für das neue Familienmitglied einen Teller aufdecken.

Da hast du vielleicht gefragt: »Wo bleibt denn jetzt das Baby?« Und die Erwachsenen haben gelächelt und gesagt: »Aber mein kleiner Schatz, das dauert noch!«

Aha, hast du gedacht, dann also morgen ...

Aber am nächsten Tag war das Baby immer noch nicht da und am Ende warst du richtig sauer.
Und dann haben die Erwachsenen gesagt, dass es noch gaaaanz lange dauert. Noch länger als bis Weihnachten und bis zu deinem Geburtstag und vielleicht sogar bis Ostern.

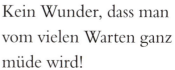

Kein Wunder, dass man vom vielen Warten ganz müde wird!

Warum dauert es bloß so lange?

Weil das Baby in Mamas Bauch ganz viel wachsen muss!
Da drinnen ist die reinste Babyfabrik und ungeduldig sein hilft gar nicht.
Andauernd wird im Bauch gearbeitet, gehämmert, genäht und gewebt. In einem Moment entsteht ein Fuß, im anderen vielleicht die Nase. Dann braucht das Baby noch den anderen Fuß, Augen und Hände und Knie. Und einen Popo, einen Hals, einen Rücken und einen Bauch.

Und außerdem alles, was beim Baby im Körper am richtigen Platz sitzen muss.

Genauso war es auch, als du in Mamas Bauch lagst. In einer Babyfabrik, die Tag und Nacht an dir gearbeitet hat. Es dauert zwar lange, aber nicht ewig, denn in neun Monaten muss alles an Ort und Stelle sein. In vierzig Wochen. Was alles in dieser kurzen Zeit passiert! Wenn das Baby dann aus dem Bauch kommt, muss es fertig sein. Es muss sehen können, weinen, essen und Pipi machen.

Die Wochen vergehen und Mamas Bauch wird immer größer. Zuerst sieht er aus wie ein kleiner Ball und später wie ein Fußball.

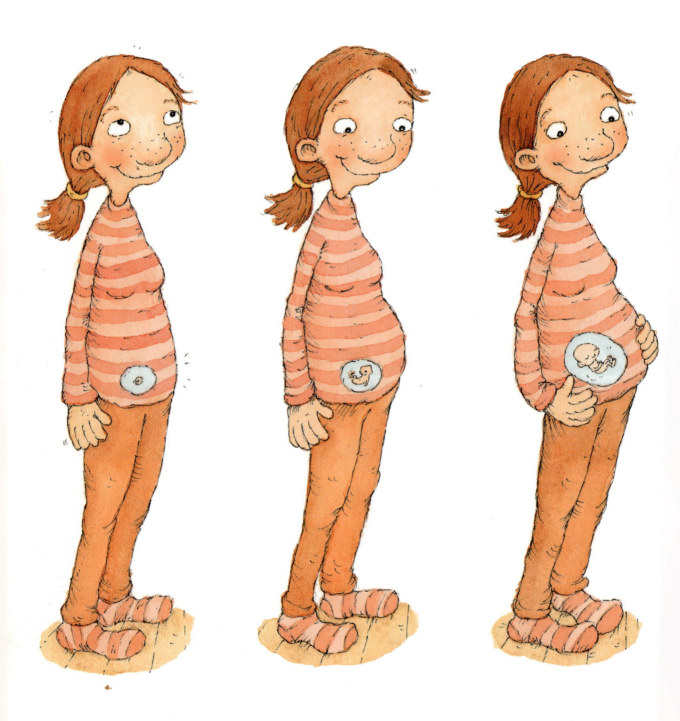

Dann wie eine Melone und am Ende wie eine Kugel. Das kommt, weil das Baby jeden Tag größer und dicker wird.

Und was macht das Baby im Bauch? Hat es keine Langeweile? Es hat doch nichts zum Spielen!

Das Baby hat zwar keine Spielsachen, aber es langweilt sich überhaupt nicht. Denn es übt schon für die Zeit, wenn es nicht mehr in Mamas Bauch wohnt. Zum Beispiel trainiert es seine Arme und Beine.

Es streckt sich und strampelt. Wenn es traurig ist, nuckelt es vielleicht an seinem Daumen. Am Anfang, wenn das Baby noch klein ist, spürt die Mama seine Bewegungen nicht. Aber wenn es größer wird, merkt die Mama, wie sich das Baby in ihrem Bauch hin und her dreht.

Manchmal kannst du sogar von außen sehen, wie das Baby gegen Mamas Bauch tritt.

Das Baby muss auch trinken lernen. Noch liegt es im Wasser, dem so genannten Fruchtwasser. Das trinkt es und pinkelt auch hinein. Igitt! Trinkt es etwa sein eigenes Pipi? Ja, aber das ist nicht so eklig, wie es klingt. Denn im Bauch ist alles sauber und das Pipi vom Baby ist nicht wie dein Pipi. Es ist also völlig in Ordnung, wenn das Baby sich ab und zu einen Schluck davon genehmigt.

Aber wie kann das Baby im Wasser atmen? Ertrinkt es nicht?
Nein, das Baby ertrinkt nicht. Es atmet nämlich noch gar nicht, bevor es geboren wird. In Mamas Bauch sind wir wie Fische. Erst wenn wir aus Mamas Bauch herauskommen, benutzen wir unsere Lungen und atmen.

Und was bekommt das Baby im Bauch zu essen? Es muss doch etwas zu essen bekommen, damit es wachsen kann! Fällt Mamas Essen zum Baby runter und mag das Baby überhaupt Wurstbrote und rote Äpfel?

Nein, das Baby isst nicht das Gleiche wie wir. In Mamas Bauch hängt es an der Nabelschnur. Die Nabelschnur funktioniert ungefähr wie ein Strohhalm, der von Mamas Mutterkuchen zum Bauchnabel des Babys führt. Mutterkuchen, das klingt wie ein großer Kuchen, an dem das Baby knabbern kann. Aber es ist gar kein Kuchen. Sondern ein Organ, das dem Baby durch die Nabelschnur Nahrung liefert.

Alles, was die Mama isst, wird in ihrem Bauch verdaut. Durch die Nabelschnur gelangt das verdaute Essen zum Baby. Deshalb muss die Mama gut essen, damit ihr Baby satt und froh wird und ordentlich wächst.

Und der Papa? Ist es nicht merkwürdig für ihn, dass all das in der Mama passiert? Fühlt er sich nicht ganz allein und außen vor?
Natürlich nicht. Der Papa hat zwar selbst kein Baby im Bauch, aber er kann sich besonders lieb um die Mama kümmern, damit es ihr und dem Baby gut geht.

Und wenn das Baby auf der Welt ist, kann er zusammen mit der Mama dafür sorgen.

Denn es ist ja ebenso sein Baby, auch wenn es nicht in seinem Bauch gewachsen ist.

Um eine Mama zu sein, muss eine Frau kein Baby in ihrem Bauch gehabt haben. Und ein Mann muss nicht seinen Samen gegeben haben, um ein Papa zu werden.

Man kann nämlich auch Mama und Papa werden, indem man ein Kind adoptiert. Ein Kind adoptieren bedeutet, man kümmert sich um ein Kind, das keine eigene Mama und keinen eigenen Papa hat.

Oder man verliebt sich in einen Papa oder eine Mama, die ihre Kinder allein erziehen. So kommt man auch zu Kindern!

1 2 3 4 5 6 7 8 9 10
11 12 13 14 15 16 17
18 19 20 21 22 23
24 25 26 27 28 29
30 31 32 33
34 35 36 40
37 38 39

40 Wochen oder neun Monate liegt das Baby in Mamas Bauch.
Eine halbe Ewigkeit! Wenn die Zeit um ist, will das Baby raus.

Weiß man denn genau, wann ein Baby rauskommen will? Ganz und gar nicht! Menschen fliegen zwar mit Raketen ins Weltall, tauchen in U-Booten hunderte von Metern tief ins Meer, klettern auf die höchsten Berge und bauen endlos lange Brücken.

Aber immer noch weiß kein Mensch, wann ein Baby auf die Welt kommen möchte oder welch geheimnisvolles Signal ihm verrät, dass es Zeit dafür ist. Das wissen nur die Babys selbst. Und die wissen es einfach. Aber weil sie noch nicht sprechen können, können sie es niemandem erzählen. Und wenn sie dann irgendwann sprechen können, haben sie das alles wieder vergessen.

Vielleicht wird es im Bauch einfach zu langweilig.
Dann denkt sich das Baby:

Jetzt will ich aber raus! Mir reicht's hier drinnen! Ich will endlich meine Mama und meinen Papa treffen. Ich will sehen, wie sie wohnen. Und ihren Hund begrüßen, den ich neun Monate lang da draußen bellen gehört hab. Außerdem hab ich diese Suppe satt, die durch die Schnur kommt, an der ich festhänge.

Wenn das Baby aus dem Bauch herauskommen will, merkt das die Mama, weil ihr der Bauch wehtut.

Die meisten Babys kommen im Krankenhaus auf die Welt. Sie kommen durch die Scheide nach draußen, die zwischen Mamas Beinen sitzt. Babys kommen also nicht aus Mamas Popo, auch wenn manche Kinder das vielleicht glauben!

Manchmal kommt das Baby nicht durch die Scheide, sondern durch eine kleine Tür, die der Doktor in Mamas Bauch schneidet. Das nennt man Kaiserschnitt. Danach wird die Tür wieder zugenäht. Nur eine kleine Narbe verrät später, dass die Mama eine Tür im Bauch hatte, durch die ihr Baby auf die Welt gekommen ist.

Manche Kinder kommen zu Hause auf die Welt und nicht im Krankenhaus. Eigentlich können Kinder fast überall zur Welt kommen.

Keiner weiß ja, wann das Baby nach draußen möchte. Vielleicht reitet die Mama gerade auf einem Kamel, wenn das Baby meint, es sei Zeit, geboren zu werden. Dann bringt die Mama das Baby eben in einem Zelt zur Welt. Unter sternklarem Himmel!

Oder zu Hause in der Badewanne.

In jeder Minute werden irgendwo auf der Welt Babys geboren.

Jede Menge Jungen und jede Menge Mädchen. Alle sind winzig klein, schreien und frieren, wenn sie nicht in eine warme Decke gehüllt werden. Als ich geboren wurde, war es so: Ich hab die Augen aufgemacht und Mama und Papa gesehen. Da wusste ich, dass ich hier richtig war! Ich hab geweint und geschrien und mir war kalt, weil ich ja nichts anhatte.

Zum Glück durfte ich mich an Mamas Bauch kuscheln und dann hab ich an meinem Daumen genuckelt. Genau wie in Mamas Bauch, in dem ich neun Monate und vier Tage gelegen hab.

Ja, und dann hab ich Milch aus Mamas Brust getrunken. Aus der Mamabrust kommt nämlich die Milch für das kleine Baby. Ein Baby hat ja noch keine Zähne zum Kauen!
Es will nur Milch trinken und ganz nah bei seinem Papa und seiner Mama sein. Es möchte kuscheln. Und es fängt sofort an zu wachsen! Denn das sind schließlich seine wichtigsten Aufgaben: essen, schlafen, die Windeln voll machen und größer werden.

Babys sind sich eigentlich sehr ähnlich. Wenn sie auf die Welt kommen, sind sie rot, ein bisschen schrumpelig und hungrig. Ich hatte dunkelblaue Augen und winzige Sommersprossen.

Aber wieso ich so geworden bin, wie ich bin...

... ist mein eigenes kleines Geheimnis.